화투 그림의 재해석!

다른그림 찾기
화투

도서
출판 큰그림

이 책의
구성

28개의 다른 그림이 단계별로 준비되어 있습니다.
왼쪽 상단의 서로 다른 그림 찾을 개수를 읽고 풀어 보세요.

찾을 개수

정답 쪽

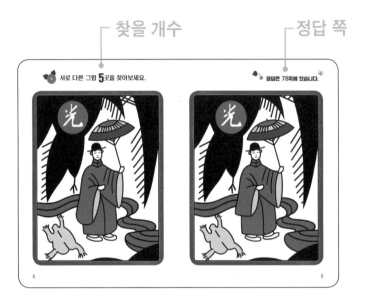

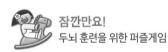

잠깐만요!
두뇌 훈련을 위한 퍼즐게임

화투 그림으로 재미있는
그림자와 퍼즐 문제를
풀어 보세요.

 잠깐만요!
두뇌 훈련을 위한 숫자 게임

화투 그림에 번호를
붙였습니다. 연산 문제를
풀어 보세요.

정답은 78~86쪽에 있습니다.

화투 그림의 재해석!

다른 그림 찾기!
지금부터
화투 그림으로
찾아보세요!

서로 다른 그림 **5**곳을 찾아보세요.

정답은 78쪽에 있습니다.

서로 다른 그림 **6**곳을 찾아보세요.

정답은 78쪽에 있습니다.

 정답은 78쪽에 있습니다.

정답은 78쪽에 있습니다.

16

정답은 79쪽에 있습니다.

서로 다른 그림 **10**곳을 찾아보세요.

정답은 79쪽에 있습니다.

19

서로 다른 그림 **11**곳을 찾아보세요.

정답은 79쪽에 있습니다.

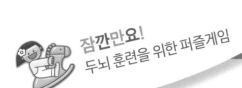

문제 그림과 같은 그림자 그림을 보기에서
찾아보세요.

문제 1

①

②

③

④

문제 2

①

②

③

④

정답은 79쪽에 있습니다.

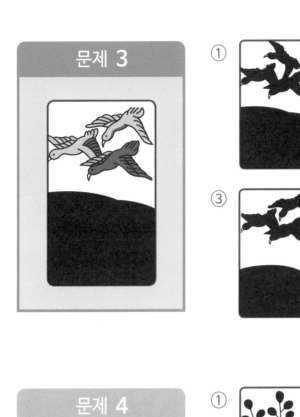

문제 3

①

②

③

④

문제 4

①

②

③

④

서로 다른 그림 **12**곳을 찾아보세요.

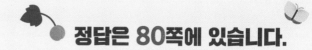정답은 80쪽에 있습니다.

정답은 80쪽에 있습니다.

27

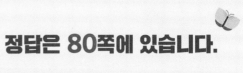 정답은 80쪽에 있습니다.

서로 다른 그림 **15**곳을 찾아보세요.

정답은 80쪽에 있습니다.

정답은 81쪽에 있습니다.

서로 다른 그림 **15**곳을 찾아보세요.

정답은 81쪽에 있습니다.

정답은 81쪽에 있습니다.

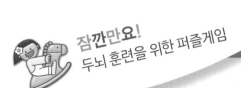

문제 그림과 같은 하얀 그림자를 보기에서
찾아보세요.

문제 1

①    ②

③    ④

문제 2

①    ②

③   ④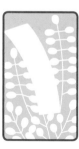

정답은 81쪽에 있습니다.

문제 3

① ② ③ ④

문제 4

① ② ③ ④

40

정답은 82쪽에 있습니다.

정답은 82쪽에 있습니다.

정답은 82쪽에 있습니다.

정답은 82쪽에 있습니다.

정답은 83쪽에 있습니다.

서로 다른 그림 **20**곳을 찾아보세요.

정답은 83쪽에 있습니다.

정답은 83쪽에 있습니다.

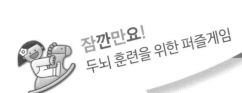
나머지 반쪽을 보기에서 찾아 주세요.

문제 1

①

②

③

④

문제 2

①

②

③

④

정답은 83쪽에 있습니다.

문제 3

① ② ③ ④

문제 4

① ② ③ ④

서로 다른 그림 **20**곳을 찾아보세요.

정답은 84쪽에 있습니다.

정답은 84쪽에 있습니다.

정답은 84쪽에 있습니다.

서로 다른 그림 **20**곳을 찾아보세요.

정답은 85쪽에 있습니다.

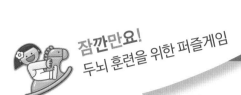
문제에 비어 있는 퍼즐 부분을 보기에서 찾아 주세요.

문제 1

①

②

③

④

문제 2

①

②

③

④

문제 3

① 　②

③ 　④

문제 4

① 　②

③ 　④

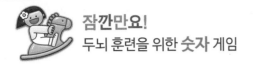
정답은 86쪽에 있습니다.

어른들의 놀이 '화투'의 그림에는 숫자가 붙습니다.
아래에서 1부터 12번까지의 그림과 숫자를 잘 기억하세요.

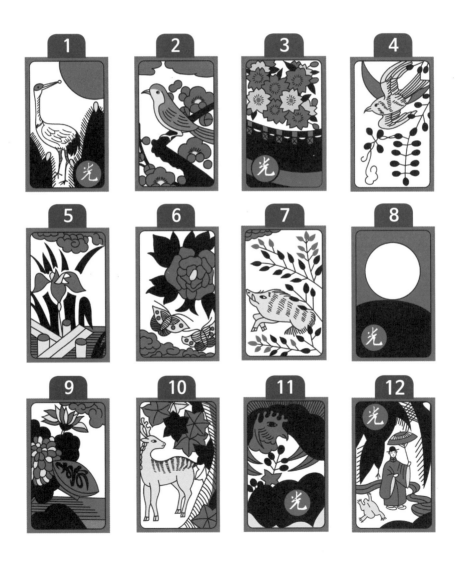

〈 몸풀기 문제 〉 각 그림의 숫자를 맞춰 보세요.

(4)　　(　)　　(　)　　(　)　　(　)

〈 숫자문제 예제 〉

 + **−** **=** □

① 　② 　③ 　④

〈 숫자문제 해설 〉

1 **+** 4 **−** 3 **=** 2 → 정답 ④

+ + =

① ② ③ ④

 − + =

① ② ③ ④

 + + =

① ② ③ ④

(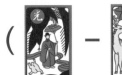 −) × =

① ② ③ ④

 × − =

① ② ③ ④

(+) ÷ =

① ② ③ ④

× ÷ =

① 　② 　③ 　④

 × ÷ =

① 　② 　③ 　④

정답 >>>>

17쪽

19쪽

21쪽

22쪽

잠깐만요!
두뇌 훈련을 위한 퍼즐게임

문제 1 : ③

문제 2 : ①

문제 3 : ④

문제 4 : ④

25 쪽

27 쪽

29 쪽

31 쪽

33쪽

35쪽

37쪽

38쪽

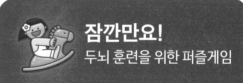

잠깐만요!
두뇌 훈련을 위한 퍼즐게임

문제 1 : ④

문제 2 : ①

문제 3 : ③

문제 4 : ②

41 쪽

43 쪽

45 쪽

47 쪽

49쪽

51쪽

53쪽

54쪽

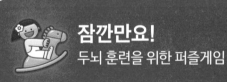

잠깐만요!
두뇌 훈련을 위한 퍼즐게임

문제 1 : ②

문제 2 : ③

문제 3 : ②

문제 4 : ①

57쪽

59쪽

61쪽

63쪽

65쪽

67쪽

69쪽

70쪽

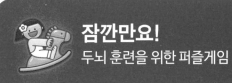

잠깐만요!
두뇌 훈련을 위한 퍼즐게임

문제 1 : ②

문제 2 : ④

문제 3 : ④

문제 4 : ②

잠깐만요!
두뇌 훈련을 위한 숫자 게임

몸풀기 문제 5, 11, 6, 1

숫자문제 **1** : 5+3+3=11 → 정답 : ①

숫자문제 **2** : 9-4+1=6 → 정답 : ④

숫자문제 **3** : 4+5+3=12 → 정답 : ④

숫자문제 **4** : (12-10)×4=8 → 정답 : ②

숫자문제 **5** : 7×3-11=10 → 정답 : ②

숫자문제 **6** : (9+11)÷5=4 → 정답 : ①

숫자문제 **7** : 10×6÷5=12 → 정답 : ③

숫자문제 **8** : 8×6÷12=4 → 정답 : ①

오늘은
색연필 컬러링북 화투

100년의 세월을 넘어 이어진 화투 치기 놀이!
오늘은 색연필로 칠해 보세요.

김정희 지음 / 80쪽 / 14,000원

오늘은 라온민화
색연필 컬러링북 꿈해몽

새벽녘에 기분 좋은 꿈을 꾸고 나면 아침에 해몽을 찾아보곤 합니다.
꿈은 미래에 일어날 일을 암시한다고 믿기도 하고 길몽과 흉몽으로 나눕니다.
과학적인 근거는 없지만 재미 삼아 해몽을 즐기며 오늘은 색연필 컬러링북으로 힐링하세요.

이다감 지음 / 80쪽 / 14,000원

오늘은
색연필 컬러링북 라온민화

누구나 쉽게 색연필로 그리는
화려한 우리 감성 민화에 상상을 더한 라온민화

이다감 지음 / 80쪽 / 14,000원

화투 그림의 재해석!

다른그림찾기 화투

초판 발행 · 2023년 3월 27일

기 획 예다움
펴낸이 이강실
펴낸곳 도서출판 큰그림
등 록 제2018-000090호
주 소 서울시 마포구 양화로 133 서교타워 1703호
전 화 02-849-5069
문 자 010-6448-5069
팩 스 02-6004-5970
이메일 big_picture_41@naver.com

교정 교열 김선미
디자인 예다움
인쇄와 제본 미래피앤피

가격 8,000원
ISBN 979-11-90976-22-0   13690